DIARIO DE LA GRATITUD

Diario de la gratitud

Fecha

Hoy Doy Las Gracias Por

····································

····································

····································

····································

····································

····································

El Mejor Momento Del Dia

····································

····································

····································

····································

····································

····································

Hoy Me Siento

····································

····································

····································

····································

····································

····································

Mi escala de felicidad

Diario de la gratitud

Hoy Doy Las Gracias Por

. . . .

. . . .

. . . .

. . . .

. . . .

El Mejor Momento Del Dia

Hoy Me Siento

Mi escala de felicidad

Diario de la gratitud

Hoy Doy Las Gracias Por

El Mejor Momento Del Dia

Hoy Me Siento

Mi escala de felicidad

Diario de la gratitud

Fecha

Hoy Doy Las Gracias Por

··
··
··
··
··
··

El Mejor Momento Del Dia

··
··
··
··
··

Hoy Me Siento

··
··
··
··
··

Mi escala de felicidad ☆ ☆ ☆ ☆ ☆

Diario de la gratitud

Fecha

Hoy Doy Las Gracias Por

....
....
....
....
....
....

El Mejor Momento Del Dia

....
....
....
....
....
....

Hoy Me Siento

....
....
....
....
....
....

Mi escala de felicidad 

Diario de la gratitud

Hoy Doy Las Gracias Por

....
....
....
....
....
....

El Mejor Momento Del Dia

....
....
....
....
....

Hoy Me Siento

....
....
....
....
....

Mi escala de felicidad

Diario de la gratitud

Hoy Doy Las Gracias Por

....

....

....

....

....

....

El Mejor Momento Del Dia

....

....

....

....

....

....

Hoy Me Siento

....

....

....

....

....

....

Mi escala de felicidad

Diario de la gratitud

Fecha

Hoy Doy Las Gracias Por

....
....
....
....
....
....

El Mejor Momento Del Dia

....
....
....
....
....

Hoy Me Siento

....
....
....
....
....

Mi escala de felicidad

Diario de la gratitud

Fecha

Hoy Doy Las Gracias Por

El Mejor Momento Del Dia

Hoy Me Siento

Mi escala de felicidad

Diario de la gratitud

Fecha

Hoy Doy Las Gracias Por

El Mejor Momento Del Dia

Hoy Me Siento

Mi escala de felicidad 

Diario de la gratitud

Hoy Doy Las Gracias Por

El Mejor Momento Del Dia

Hoy Me Siento

Mi escala de felicidad

Diario de la gratitud

Fecha

Hoy Doy Las Gracias Por

....

....

....

....

....

....

El Mejor Momento Del Dia

....

....

....

....

....

Hoy Me Siento

....

....

....

....

....

Mi escala de felicidad

Diario de la gratitud

Hoy Doy Las Gracias Por

El Mejor Momento Del Dia

Hoy Me Siento

Mi escala de felicidad 

Diario de la gratitud

Fecha

Hoy Doy Las Gracias Por

....
....
....
....
....
....

El Mejor Momento Del Dia

....
....
....
....
....

Hoy Me Siento

....
....
....
....
....

Mi escala de felicidad 

Diario de la gratitud

Hoy Doy Las Gracias Por

····································
····································
····································
····································
····································
····································

El Mejor Momento Del Dia

····································
····································
····································
····································
····································
····································

Hoy Me Siento

····································
····································
····································
····································
····································
····································

Mi escala de felicidad

Diario de la gratitud

Hoy Doy Las Gracias Por

El Mejor
Momento Del Dia

Hoy Me Siento

Mi escala de felicidad 

Diario de la gratitud

Hoy Doy Las Gracias Por

El Mejor Momento Del Dia

Hoy Me Siento

Mi escala de felicidad 

Diario de la gratitud

Fecha

Hoy Doy Las Gracias Por

· ·

· ·

· ·

· ·

· ·

El Mejor Momento Del Dia

Hoy Me Siento

Mi escala de felicidad

Diario de la gratitud

Fecha

Hoy Doy Las Gracias Por

El Mejor Momento Del Dia

Hoy Me Siento

Mi escala de felicidad 

Diario de la gratitud

Fecha

Hoy Doy Las Gracias Por

El Mejor
Momento Del Dia

Hoy Me Siento

Mi escala de felicidad

Diario de la gratitud

Hoy Doy Las Gracias Por

....

....

....

....

....

....

El Mejor Momento Del Dia

....

....

....

....

....

....

Hoy Me Siento

....

....

....

....

....

....

Mi escala de felicidad

Diario de la gratitud

Fecha

Hoy Doy Las Gracias Por

El Mejor Momento Del Dia

Hoy Me Siento

Mi escala de felicidad 

Diario de la gratitud

Hoy Doy Las Gracias Por

El Mejor Momento Del Dia

Hoy Me Siento

Mi escala de felicidad

Diario de la gratitud

Hoy Doy Las Gracias Por

....
....
....
....
....
....

El Mejor Momento Del Dia

....
....
....
....
....

Hoy Me Siento

....
....
....
....
....

Mi escala de felicidad

Diario de la gratitud

Hoy Doy Las Gracias Por

El Mejor Momento Del Dia

Hoy Me Siento

Mi escala de felicidad 

Diario de la gratitud

Hoy Doy Las Gracias Por

....
....
....
....
....
....

El Mejor Momento Del Dia

....
....
....
....
....

Hoy Me Siento

....
....
....
....
....

Mi escala de felicidad

Diario de la gratitud

Hoy Doy Las Gracias Por

El Mejor Momento Del Dia

Hoy Me Siento

Mi escala de felicidad 

Diario de la gratitud

Fecha

Hoy Doy Las Gracias Por

....
....
....
....
....
....

El Mejor Momento Del Dia

....
....
....
....
....

Hoy Me Siento

....
....
....
....
....

Mi escala de felicidad

Diario de la gratitud

Hoy Doy Las Gracias Por

. . . .

. . . .

. . . .

. . . .

. . . .

. . . .

El Mejor Momento Del Dia

. . . .

. . . .

. . . .

. . . .

. . . .

Hoy Me Siento

. . . .

. . . .

. . . .

. . . .

. . . .

Mi escala de felicidad

Diario de la gratitud

Fecha

Hoy Doy Las Gracias Por

....
....
....
....
....
....

El Mejor Momento Del Dia

....
....
....
....
....

Hoy Me Siento

....
....
....
....
....

Mi escala de felicidad

Diario de la gratitud

Hoy Doy Las Gracias Por

El Mejor Momento Del Dia

Hoy Me Siento

Mi escala de felicidad

Diario de la gratitud

Fecha

Hoy Doy Las Gracias Por

....
....
....
....
....
....

El Mejor Momento Del Dia

....
....
....
....
....

Hoy Me Siento

....
....
....
....
....

Mi escala de felicidad 

Diario de la gratitud

Hoy Doy Las Gracias Por

····································
····································
····································
····································
····································
····································

El Mejor Momento Del Dia

····································
····································
····································
····································
····································
····································

Hoy Me Siento

····································
····································
····································
····································
····································
····································

Mi escala de felicidad

Diario de la gratitud

Fecha

Hoy Doy Las Gracias Por

....

....

....

....

....

....

El Mejor Momento Del Dia

....

....

....

....

....

Hoy Me Siento

....

....

....

....

....

Mi escala de felicidad 

Diario de la gratitud

Fecha

Hoy Doy Las Gracias Por

El Mejor
Momento Del Dia

Hoy Me Siento

Mi escala de felicidad 

Diario de la gratitud

Fecha

Hoy Doy Las Gracias Por

El Mejor Momento Del Dia

Hoy Me Siento

Mi escala de felicidad 

Diario de la gratitud

Fecha

Hoy Doy Las Gracias Por

....
....
....
....
....
....

El Mejor Momento Del Dia

....
....
....
....
....
....

Hoy Me Siento

....
....
....
....
....
....

Mi escala de felicidad

Diario de la gratitud

Fecha

Hoy Doy Las Gracias Por

. . . .

. . . .

. . . .

. . . .

. . . .

. . . .

El Mejor Momento Del Dia

Hoy Me Siento

Mi escala de felicidad

Diario de la gratitud

Hoy Doy Las Gracias Por

El Mejor Momento Del Dia

Hoy Me Siento

Mi escala de felicidad 

Diario de la gratitud

Fecha

Hoy Doy Las Gracias Por

....
....
....
....
....
....

El Mejor Momento Del Dia

....
....
....
....
....

Hoy Me Siento

....
....
....
....
....

Mi escala de felicidad 

Diario de la gratitud

Hoy Doy Las Gracias Por

··

··

··

··

··

··

El Mejor Momento Del Dia

··

··

··

··

··

Hoy Me Siento

··

··

··

··

··

Mi escala de felicidad 

Diario de la gratitud

Fecha

Hoy Doy Las Gracias Por

El Mejor
Momento Del Dia

Hoy Me Siento

Mi escala de felicidad 

Diario de la gratitud

Fecha

Hoy Doy Las Gracias Por

El Mejor Momento Del Dia

Hoy Me Siento

Mi escala de felicidad 

Diario de la gratitud

Hoy Doy Las Gracias Por

....
....
....
....
....
....

El Mejor Momento Del Dia

....
....
....
....
....

Hoy Me Siento

....
....
....
....
....

Mi escala de felicidad

Diario de la gratitud

Hoy Doy Las Gracias Por

El Mejor Momento Del Dia

Hoy Me Siento

Mi escala de felicidad 

Diario de la gratitud

Fecha

Hoy Doy Las Gracias Por

· ·
· ·
· ·
· ·
· ·
· ·

El Mejor Momento Del Dia

· · · · · · · · · · · · · · ·
· · · · · · · · · · · · · · ·
· · · · · · · · · · · · · · ·
· · · · · · · · · · · · · · ·
· · · · · · · · · · · · · · ·
· · · · · · · · · · · · · · ·

Hoy Me Siento

· · · · · · · · · · · · · · ·
· · · · · · · · · · · · · · ·
· · · · · · · · · · · · · · ·
· · · · · · · · · · · · · · ·
· · · · · · · · · · · · · · ·
· · · · · · · · · · · · · · ·

Mi escala de felicidad ☆ ☆ ☆ ☆ ☆

Diario de la gratitud

Hoy Doy Las Gracias Por

....
....
....
....
....
....

El Mejor Momento Del Dia

....
....
....
....
....
....

Hoy Me Siento

....
....
....
....
....
....

Mi escala de felicidad ☆ ☆ ☆ ☆ ☆

Diario de la gratitud

Fecha

Hoy Doy Las Gracias Por

El Mejor
Momento Del Dia

Hoy Me Siento

Mi escala de felicidad

Diario de la gratitud

Hoy Doy Las Gracias Por

....
....
....
....
....
....

El Mejor Momento Del Dia

....
....
....
....
....

Hoy Me Siento

....
....
....
....
....

Mi escala de felicidad 

Diario de la gratitud

Fecha

Hoy Doy Las Gracias Por

....
....
....
....
....
....

El Mejor Momento Del Dia

....
....
....
....
....

Hoy Me Siento

....
....
....
....
....

Mi escala de felicidad 

Diario de la gratitud

Fecha

Hoy Doy Las Gracias Por

....
....
....
....
....
....

El Mejor Momento Del Dia

....
....
....
....
....
....

Hoy Me Siento

....
....
....
....
....
....

Mi escala de felicidad

Diario de la gratitud

Fecha

Hoy Doy Las Gracias Por

....
....
....
....
....
....

El Mejor Momento Del Dia

....
....
....
....
....

Hoy Me Siento

....
....
....
....
....

Mi escala de felicidad 

Diario de la gratitud

Hoy Doy Las Gracias Por

....

....

....

....

....

....

El Mejor Momento Del Dia

....

....

....

....

....

Hoy Me Siento

....

....

....

....

....

Mi escala de felicidad

Diario de la gratitud

Fecha

Hoy Doy Las Gracias Por

....

....

....

....

....

....

El Mejor Momento Del Dia

....

....

....

....

....

....

Hoy Me Siento

....

....

....

....

....

....

Mi escala de felicidad

Diario de la gratitud

Fecha

Hoy Doy Las Gracias Por

....
....
....
....
....
....

El Mejor Momento Del Dia

....
....
....
....
....
....

Hoy Me Siento

....
....
....
....
....
....

Mi escala de felicidad 

Diario de la gratitud

Fecha

Hoy Doy Las Gracias Por

....
....
....
....
....
....

El Mejor Momento Del Dia

Hoy Me Siento

Mi escala de felicidad 

Diario de la gratitud

Fecha

Hoy Doy Las Gracias Por

El Mejor Momento Del Dia

Hoy Me Siento

Mi escala de felicidad

Diario de la gratitud

Fecha

Hoy Doy Las Gracias Por

....

....

....

....

....

....

El Mejor Momento Del Dia

Hoy Me Siento

Mi escala de felicidad

Diario de la gratitud

Hoy Doy Las Gracias Por

El Mejor Momento Del Dia

Hoy Me Siento

Mi escala de felicidad 

Diario de la gratitud

Fecha

Hoy Doy Las Gracias Por

El Mejor
Momento Del Dia

Hoy Me Siento

Mi escala de felicidad 

Diario de la gratitud

Fecha

Hoy Doy Las Gracias Por

El Mejor Momento Del Dia

Hoy Me Siento

Mi escala de felicidad 

Diario de la gratitud

Fecha

Hoy Doy Las Gracias Por

El Mejor Momento Del Dia

Hoy Me Siento

Mi escala de felicidad

Diario de la gratitud

Hoy Doy Las Gracias Por

....
....
....
....
....
....

El Mejor Momento Del Dia

....
....
....
....
....
....

Hoy Me Siento

....
....
....
....
....
....

Mi escala de felicidad

Diario de la gratitud

Fecha

Hoy Doy Las Gracias Por

....
....
....
....
....
....

El Mejor Momento Del Dia

....
....
....
....
....

Hoy Me Siento

....
....
....
....
....

Mi escala de felicidad

Diario de la gratitud

Hoy Doy Las Gracias Por

····································
····································
····································
····································
····································
····································

El Mejor Momento Del Dia

····································
····································
····································
····································
····································
····································

Hoy Me Siento

····································
····································
····································
····································
····································
····································

Mi escala de felicidad 

Diario de la gratitud

Fecha

Hoy Doy Las Gracias Por

El Mejor Momento Del Dia

Hoy Me Siento

Mi escala de felicidad

Diario de la gratitud

Fecha

Hoy Doy Las Gracias Por

···
···
···
···
···
···

El Mejor
Momento Del Dia

·····························
·····························
·····························
·····························
·····························
·····························

Hoy Me Siento

·····························
·····························
·····························
·····························
·····························
·····························

Mi escala de felicidad 

Diario de la gratitud

Fecha

Hoy Doy Las Gracias Por

....
....
....
....
....
....

El Mejor Momento Del Dia

....
....
....
....
....

Hoy Me Siento

....
....
....
....
....

Mi escala de felicidad

Diario de la gratitud

Fecha

Hoy Doy Las Gracias Por

El Mejor Momento Del Dia

Hoy Me Siento

Mi escala de felicidad 

Diario de la gratitud

Fecha

Hoy Doy Las Gracias Por

. . . .
. . . .
. . . .
. . . .
. . . .
. . . .

El Mejor Momento Del Dia

Hoy Me Siento

Mi escala de felicidad

Diario de la gratitud

Fecha

Hoy Doy Las Gracias Por

El Mejor Momento Del Dia

Hoy Me Siento

Mi escala de felicidad 

Diario de la gratitud

Hoy Doy Las Gracias Por

··
··
··
··
··
··

El Mejor Momento Del Dia

··
··
··
··
··

Hoy Me Siento

··
··
··
··
··

Mi escala de felicidad 

Diario de la gratitud

Fecha

Hoy Doy Las Gracias Por

....
....
....
....
....
....

El Mejor Momento Del Dia

....
....
....
....
....

Hoy Me Siento

....
....
....
....
....

Mi escala de felicidad 

Diario de la gratitud

Fecha

Hoy Doy Las Gracias Por

El Mejor
Momento Del Dia

Hoy Me Siento

Mi escala de felicidad 

Diario de la gratitud

Hoy Doy Las Gracias Por

....
....
....
....
....
....

El Mejor Momento Del Dia

....
....
....
....
....
....

Hoy Me Siento

....
....
....
....
....
....

Mi escala de felicidad

Diario de la gratitud

Hoy Doy Las Gracias Por

El Mejor
Momento Del Dia

Hoy Me Siento

Mi escala de felicidad 

Diario de la gratitud

Fecha

Hoy Doy Las Gracias Por

....
....
....
....
....
....

El Mejor Momento Del Dia

....
....
....
....
....
....

Hoy Me Siento

....
....
....
....
....
....

Mi escala de felicidad 

Diario de la gratitud

Fecha

Hoy Doy Las Gracias Por

....
....
....
....
....
....

El Mejor Momento Del Dia

....
....
....
....

Hoy Me Siento

....
....
....
....

Mi escala de felicidad 

Diario de la gratitud

Fecha

Hoy Doy Las Gracias Por

El Mejor Momento Del Dia

Hoy Me Siento

Mi escala de felicidad 

Diario de la gratitud

Fecha

Hoy Doy Las Gracias Por

....

....

....

....

....

El Mejor Momento Del Dia

....

....

....

....

Hoy Me Siento

....

....

....

....

Mi escala de felicidad

Diario de la gratitud

Fecha

Hoy Doy Las Gracias Por

....
....
....
....
....
....

El Mejor Momento Del Dia

....
....
....
....
....
....

Hoy Me Siento

....
....
....
....
....
....

Mi escala de felicidad 

Diario de la gratitud

Fecha

Hoy Doy Las Gracias Por

....
....
....
....
....
....

El Mejor Momento Del Dia

....
....
....
....
....

Hoy Me Siento

....
....
....
....
....

Mi escala de felicidad

Diario de la gratitud

Hoy Doy Las Gracias Por

El Mejor Momento Del Dia

Hoy Me Siento

Mi escala de felicidad 

Diario de la gratitud

Fecha

Hoy Doy Las Gracias Por

El Mejor Momento Del Dia

Hoy Me Siento

Mi escala de felicidad

Diario de la gratitud

Hoy Doy Las Gracias Por

El Mejor Momento Del Dia

Hoy Me Siento

Mi escala de felicidad 

Diario de la gratitud

Fecha

Hoy Doy Las Gracias Por

....
....
....
....
....
....

El Mejor Momento Del Dia

....
....
....
....

Hoy Me Siento

....
....
....
....

Mi escala de felicidad

Diario de la gratitud

Fecha

Hoy Doy Las Gracias Por

El Mejor Momento Del Dia

Hoy Me Siento

Mi escala de felicidad

Diario de la gratitud

Fecha

Hoy Doy Las Gracias Por

....

....

....

....

....

....

El Mejor Momento Del Dia

....

....

....

....

....

Hoy Me Siento

....

....

....

....

....

Mi escala de felicidad

Diario de la gratitud

Hoy Doy Las Gracias Por

....
....
....
....
....
....

El Mejor Momento Del Dia

....
....
....
....
....

Hoy Me Siento

....
....
....
....
....

Mi escala de felicidad

Diario de la gratitud

Fecha

Hoy Doy Las Gracias Por

....
....
....
....
....
....

El Mejor Momento Del Dia

....
....
....
....

Hoy Me Siento

....
....
....
....

Mi escala de felicidad

Diario de la gratitud

Hoy Doy Las Gracias Por

El Mejor Momento Del Dia

Hoy Me Siento

Mi escala de felicidad

Diario de la gratitud

Fecha

Hoy Doy Las Gracias Por

····························
····························
····························
····························
····························

El Mejor
Momento Del Dia

····························
····························
····························
····························

Hoy Me Siento

····························
····························
····························
····························

Mi escala de felicidad 

Diario de la gratitud

Hoy Doy Las Gracias Por

....
....
....
....
....
....

El Mejor Momento Del Dia

....
....
....
....
....

Hoy Me Siento

....
....
....
....
....

Mi escala de felicidad

Diario de la gratitud

Fecha

Hoy Doy Las Gracias Por

. . . .

. . . .

. . . .

. . . .

. . . .

. . . .

El Mejor Momento Del Dia

. . . .

. . . .

. . . .

. . . .

. . . .

. . . .

Hoy Me Siento

. . . .

. . . .

. . . .

. . . .

. . . .

. . . .

Mi escala de felicidad

Diario de la gratitud

Fecha

Hoy Doy Las Gracias Por

El Mejor Momento Del Dia

Hoy Me Siento

Mi escala de felicidad 

Diario de la gratitud

Fecha

Hoy Doy Las Gracias Por

....
....
....
....
....

El Mejor Momento Del Dia

....
....
....
....
....

Hoy Me Siento

....
....
....
....
....

Mi escala de felicidad 

Diario de la gratitud

Fecha

Hoy Doy Las Gracias Por

....
....
....
....
....

El Mejor Momento Del Dia

....
....
....
....

Hoy Me Siento

....
....
....
....

Mi escala de felicidad 

Diario de la gratitud

Fecha

Hoy Doy Las Gracias Por

. . . .

. . . .

. . . .

. . . .

. . . .

. . . .

El Mejor Momento Del Dia

. . . .

. . . .

. . . .

. . . .

. . . .

. . . .

Hoy Me Siento

. . . .

. . . .

. . . .

. . . .

. . . .

. . . .

Mi escala de felicidad

Diario de la gratitud

Fecha

Hoy Doy Las Gracias Por

El Mejor
Momento Del Dia

Hoy Me Siento

Mi escala de felicidad 

Diario de la gratitud

Hoy Doy Las Gracias Por

El Mejor Momento Del Dia

Hoy Me Siento

Mi escala de felicidad

Diario de la gratitud

Hoy Doy Las Gracias Por

....
....
....
....
....
....

El Mejor Momento Del Dia

....
....
....
....
....

Hoy Me Siento

....
....
....
....
....

Mi escala de felicidad 

Diario de la gratitud

Hoy Doy Las Gracias Por

El Mejor Momento Del Dia

Hoy Me Siento

Mi escala de felicidad

Diario de la gratitud

Fecha

Hoy Doy Las Gracias Por

El Mejor
Momento Del Dia

Hoy Me Siento

Mi escala de felicidad

Diario de la gratitud

Hoy Doy Las Gracias Por

....
....
....
....
....

El Mejor Momento Del Dia

....
....
....
....

Hoy Me Siento

....
....
....
....

Mi escala de felicidad ☆☆☆☆☆

Diario de la gratitud

Hoy Doy Las Gracias Por

....

....

....

....

....

....

El Mejor Momento Del Dia

....

....

....

....

....

....

Hoy Me Siento

....

....

....

....

....

....

Mi escala de felicidad

Diario de la gratitud

Fecha

Hoy Doy Las Gracias Por

El Mejor Momento Del Dia

Hoy Me Siento

Mi escala de felicidad

Diario de la gratitud

Fecha

Hoy Doy Las Gracias Por

....
....
....
....
....
....

El Mejor Momento Del Dia

....
....
....
....
....
....

Hoy Me Siento

....
....
....
....
....
....

Mi escala de felicidad

Diario de la gratitud

Hoy Doy Las Gracias Por

....

....

....

....

....

....

El Mejor Momento Del Dia

....

....

....

....

....

Hoy Me Siento

....

....

....

....

....

Mi escala de felicidad

Diario de la gratitud

Hoy Doy Las Gracias Por

....
....
....
....
....
....

El Mejor
Momento Del Dia

....
....
....
....
....

Hoy Me Siento

....
....
....
....
....

Mi escala de felicidad

Diario de la gratitud

Fecha

Hoy Doy Las Gracias Por

....
....
....
....
....
....

El Mejor Momento Del Dia

....
....
....
....
....

Hoy Me Siento

....
....
....
....
....

Mi escala de felicidad 

Diario de la gratitud

Hoy Doy Las Gracias Por

....
....
....
....
....
....

El Mejor
Momento Del Dia

....
....
....
....
....
....

Hoy Me Siento

....
....
....
....
....
....

Mi escala de felicidad

Diario de la gratitud

Fecha

Hoy Doy Las Gracias Por

....
....
....
....
....
....

El Mejor Momento Del Dia

....
....
....
....
....
....

Hoy Me Siento

....
....
....
....
....
....

Mi escala de felicidad 

Diario de la gratitud

Hoy Doy Las Gracias Por

....
....
....
....
....
....

El Mejor
Momento Del Dia

....
....
....
....
....
....

Hoy Me Siento

....
....
....
....
....
....

Mi escala de felicidad ☆ ☆ ☆ ☆ ☆

Diario de la gratitud

Fecha

Hoy Doy Las Gracias Por

El Mejor
Momento Del Dia

Hoy Me Siento

Mi escala de felicidad 

Diario de la gratitud

Fecha

Hoy Doy Las Gracias Por

....
....
....
....
....
....

El Mejor Momento Del Dia

....
....
....
....
....
....

Hoy Me Siento

....
....
....
....
....
....

Mi escala de felicidad

Diario de la gratitud

Fecha

Hoy Doy Las Gracias Por

....
....
....
....
....
....

El Mejor Momento Del Dia

....
....
....
....
....

Hoy Me Siento

....
....
....
....
....

Mi escala de felicidad 

Diario de la gratitud

Hoy Doy Las Gracias Por

....
....
....
....
....
....

El Mejor Momento Del Dia

....
....
....
....
....
....

Hoy Me Siento

....
....
....
....
....
....

Mi escala de felicidad

Diario de la gratitud

Hoy Doy Las Gracias Por

. . . .

. . . .

. . . .

. . . .

. . . .

El Mejor Momento Del Dia

Hoy Me Siento

Mi escala de felicidad